寻找化石的她

作者：
玛丽亚·尤金妮亚·蕾欧娜·戈尔德
艾碧盖尔·罗斯玛丽·韦斯特

插图：艾米·加德纳

顾问编辑：刘娟

翻译：杨舵

Copyright © 2021 Maria Eugenia Leone Gold, Abagael Rosemary West, Amy J. Gardiner

版权所有,侵权必究。

未经出版者的书面许可,不得以任何形式或任何方式(包括影印,录制或其他电子或机械方法)复制,分发或传播本出版物的任何部分,评论以及版权法允许的其他非商业用途。

ISBN: 0-9821782-8-X
ISBN-13: 978-0-9821782-8-7

致谢

自2011年在理查德·吉尔德研究生院的写作课上产生创作灵感，本书经历过无数次的修改、推敲、与琢磨，最终成书，定稿发行。在此，我们想对的家人、导师以及朋友们的帮助表达由衷的感谢。

同时，如果没有众多捐赠者的慷慨相助，这本书也不会有出版的可能。感谢所有对此书进行过捐赠，和在社交媒体上分享的人。感谢那些与我们分享自己的故事，帮助此书创作的女性。

希瑟与玛丽·贝斯的三年级学生们为此书的初稿提供了非常有帮助的反馈。他们来自北卡罗来纳州，达勒姆市的杜克学校。

简介

　　古生物学是一门研究植物与动物化石的学科。研究古生物学的人叫做"古生物学家"。人们对古生物学的探寻，是从两百年前才开始的！从那之后，有很多人成为了古生物学家。最初，大多数古生物学家都是男性。当时人们不鼓励女性成为科学家，甚至反对女性学习科学知识！尽管如此，仍然有很多女性坚持研究古生物学。在她们的带领下，后来又有很多女性成为了古生物学家。

　　作者仅以此书向世界各地的女性古生物学家致敬。全书分为三个部分："过去"、"现在"、与"将来"。"过去"讲述历史故事，主角是那些为后人开拓道路的女性。"现在"包含当今世界各地女性古生物学家的事迹，并举例说明 古生物学家可以从事的各种工作。"将来"记录了世界各 地的年轻科学家，她们有的正在学习如何成为古生物学家，有的刚刚开始自己的职业生涯。这 一部分重点讲述了两位学生的故事，她们俩都是所属国家首位成为古生物学家的女性。

　　尤金妮亚、艾碧盖尔、爱米希望这本书能为所有不同性别、不同民族的孩子们树 立榜样。小朋友们要知道，你也可以成为一名古生物学家噢。尽管此书讲述的是女性的故事，但我们仍想把它推荐给所有的孩子(和大人们)。所有人都可以从这些故 事中获益。希望大家喜欢！

第一部分：过去

玛丽·安宁
（1799年5月12日－1847年3月9日）

玛丽·安宁与爱犬特雷

玛丽·安宁于1799年出生在英格兰的莱姆里杰斯。她在学校学会了读书和写字，但是没有进入高中继续学习。莱姆里杰斯有一片峭壁，峭壁上有来自侏罗纪的岩石。玛丽帮助她的父亲从峭壁上收集化石，然后卖给游客。他们一直通过这种方式来补贴家用。在玛丽十一岁的时候，她的父亲不幸去世了。于是，玛丽和哥哥约瑟夫一起，继续依靠出售化石来维持生计。

最终，玛丽赚到了足够的钱，开了一家她自己的商店。
她采集的化石非常有价值，就连一些有名的科学家都对它们产生了研究的兴趣。
玛丽自己也会研究这些化石，甚至还会把它们画成图像！
但仅仅因为她是女性，玛丽做的这些工作得不到认可。
她只能通过一些男性科学家朋友来向世人分享她的成果。
不久，玛丽收集的化石变得非常有名，
足以让她获得和其他科学家一起共事的资格。
从这一天起，玛丽成为了世界上第一位女性古生物学家。
她每天工作都非常努力，研究自己发现的化石，学习和它们有关的知识。

安妮·亚历山大和露易丝·凯洛格
（1867年12月29日－1950年9月10日）/（1879年8月27日－1967年）

安妮和露易丝

安妮·蒙塔古·亚历山大出生于1867年12月29日的夏威夷。
安妮家境富裕，
她的父亲经营一家很大的糖厂。
可是安妮不能去上学，
因为她经常犯偏头疼。
等年纪大些时，安妮在加州大学伯克利分校学习。
在那里，她学习了有关古生物学的知识。
很快，她开始带队进行实地考察，
采集鸟类与哺乳动物标本和化石。

借助自己的财富，安妮在伯克利开创了一家博物馆，名字叫"脊椎动物学博物馆"。人们可以在那里研究安妮采集的动物和植物，它们吸引了全国各地的科学家。安妮另外还专门为化石开了一家博物馆，叫做"加州大学古生物学博物馆"。
虽然安妮本身是一位伟大的探险家，她还是需要一位伙伴来一起野外考察。
有一天，安妮遇到了一个叫做露易丝·凯洛格的人。
露易丝喜欢大自然，而且很擅长捕鱼和狩猎。
从那以后，安妮和露易丝每年都一起进行考察为这两所博物馆收集标本。
安妮和露易丝一起工作了40多年，
从世界各地采集到很多鸟类、哺乳动物和植物标本，以及古生物化石。

多萝西娅·贝特
（1878年11月8日－1951年1月13日）

多萝西娅·米诺拉·爱丽丝·贝特于1878年11月8日出生于英格兰。

多萝西娅没有上过学，但她自学了很多不同的科目。她喜欢研究大自然。

父亲亨利教会了她如何捕鱼和狩猎。

多萝西娅19岁的时候获得了她的第一份工作，就在伦敦的自然史博物馆。

然后，她开始进行实地考察，搜寻化石。

第一次实地考察时，她去了地中海上的岛屿。

在那里，她探索了一些从未有人去过的洞穴。

多萝西娅找到了大象和倭河马的化石。

因为没有多少钱可以用来购买实地考察的器材，

于是她想出了一些很有创意的办法来筹款。

多萝西娅还把她自己的一些标本卖给了博物馆！

在那些日子里，女性探险家非常少见，多萝西娅没有借助于任何团队，

她的探险都是自己独立完成的！

世界各地的科学家对多萝西娅的工作赞赏有加。

她去过非洲、欧洲和中东的很多国家。

人们把世界各个角落的化石都送给她研究。

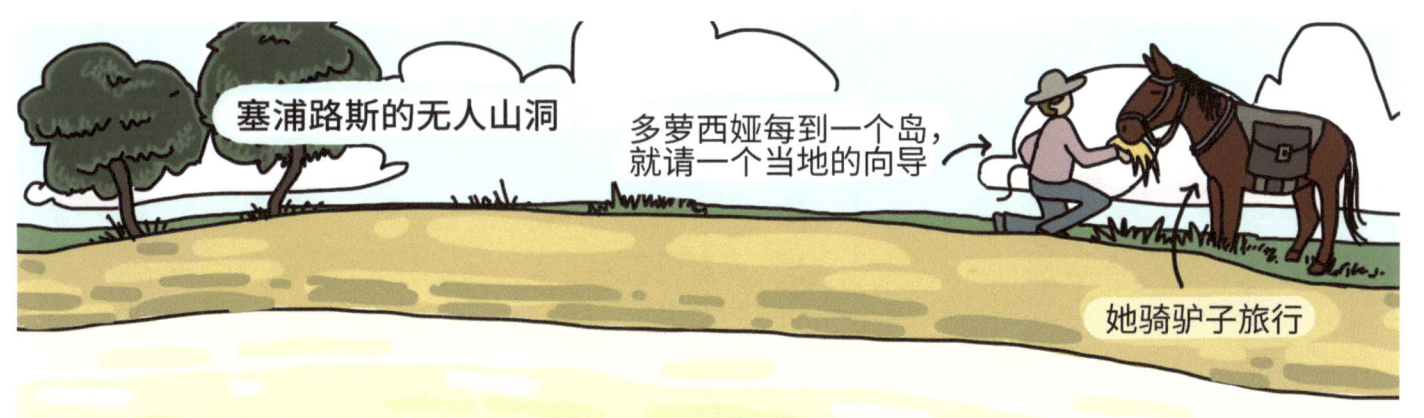

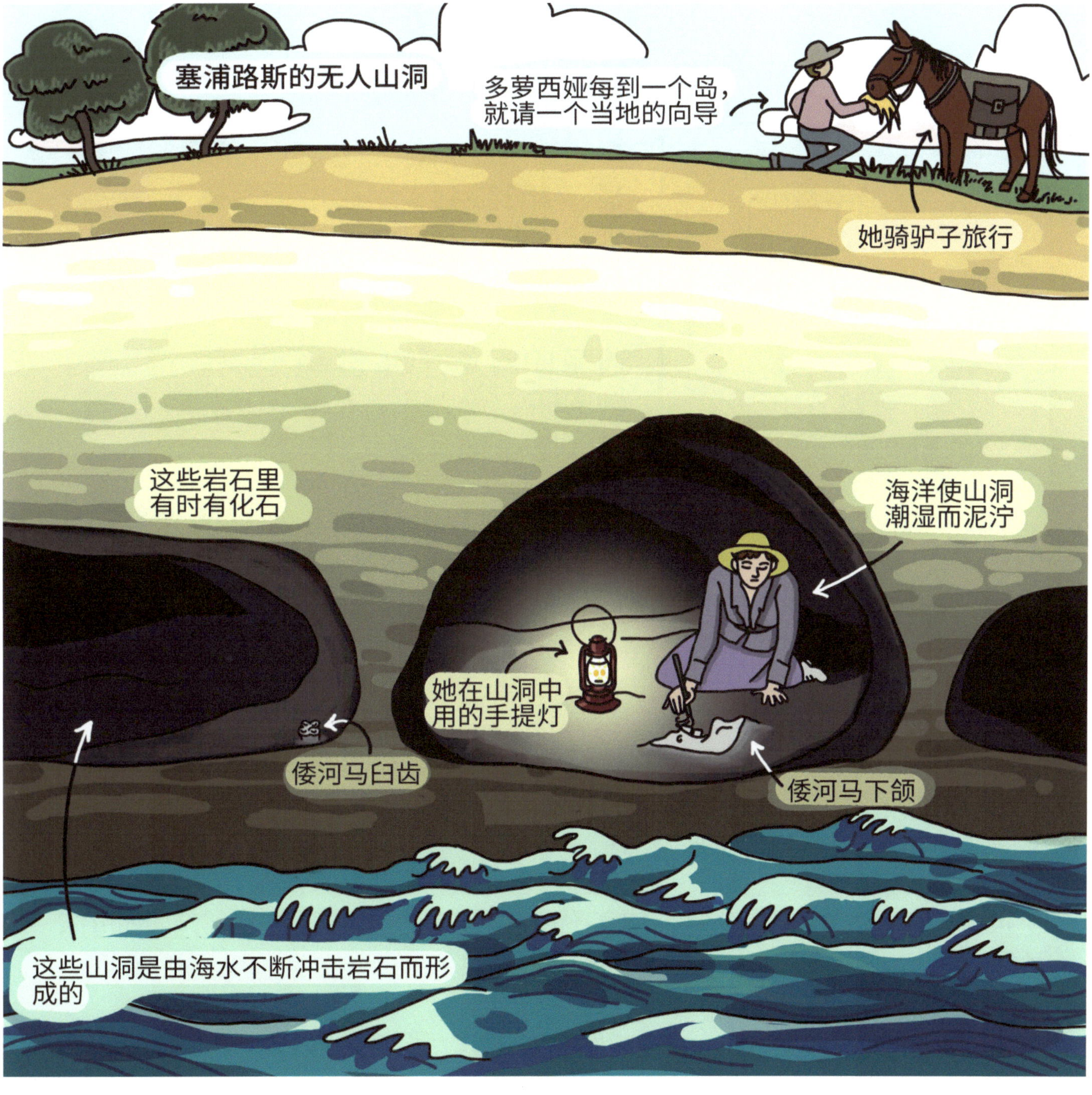
塞浦路斯的无人山洞
多萝西娅每到一个岛，
就请一个当地的向导
她骑驴子旅行
这些岩石里
有时有化石
海洋使山洞
潮湿而泥泞
她在山洞中
用的手提灯
倭河马臼齿
倭河马下颌
这些山洞是由海水不断冲击岩石而形
成的

迪丽·埃丁格
（1897年11月13日－1967年5月27日）

迪丽·埃丁格

约翰娜·加布里埃·奥缇乐·"迪丽"·埃丁格1897年11月13日出生于德国。
她父亲是一位研究人类大脑机制的科学家，母亲是社会活动家。

迪丽1927年开始在森根堡博物馆工作。
她因研究大脑化石而名声大噪，
在大脑进化领域有很多重大发现。

第二次世界大战期间，迪丽因为自己的"犹太人"身份而丢了工作。迪丽说："不管怎样，化石会助我摆脱困境。"而事实的确如此！

她从德国逃到英格兰，开始在伦敦的自然史博物馆从事翻译工作。

朋友将她介绍给了一位名叫阿尔弗雷德·罗默的科学家，
他在哈佛大学做古生物学研究。

1940年，迪丽也来到美国哈佛工作，他们协助成立了古生物学家团体，
命名为"古脊椎动物学会"。

起初，迪丽是其中唯一的女性，后来她成为了学会会长。

埃德娜·普拉姆斯特德
(1903年9月15日-1989年9月23日)

埃德娜·普拉姆斯特德

埃德娜·波琳·普拉姆斯特德1903年9月15日 出生于南非首都开普敦。

埃德娜在英格兰剑桥大学读书时是奖学金获得者,从事植物化石研究。
在英格兰完成学业后,她希望回国发展,
后来成为南非金山大学的一位教授。

1934年,埃德娜结婚了,
她开始休假,在家养育5个孩子。

1946埃德娜的假期结束了,
第二次世界大战归乡的士兵们希望接受教育,
学校需要埃德娜回来为他们授课!
埃德娜研究来自南极洲、非洲以及印度的化石,
其研究成果旁证了"大陆漂移学说"——
这是一个关于"地球上各个大陆可以移动"的学说。
科学家通过来自不同大陆的化石,探索这些大陆是如何移动的。
埃德娜1971年退休,
将自己所有的化石都捐献给了伯纳德·普莱斯古生物学研究院。

玛乔丽·拉蒂迈
（1907年2月24日－2004年5月17日）

玛乔丽·考特内-拉蒂迈

玛乔丽·艾伦·桃瑞丝·考特内-拉蒂迈1907年2月24日出生于南非的东伦敦市。玛乔丽从小热爱大自然，11岁时她就决定成为一个鸟类专家。

她原本打算做一位护士，但东伦敦自然史博物馆刚好需要一个新的标本研究馆员，玛乔丽于1931年得到了这份工作！

当时的东伦敦博物馆只有为数不多的鸟类、一只猪和一些照片，所以玛乔丽开始采集 动植物标本以及化石。

无论去哪，她都会进行收集工作——把姨母的渡渡鸟蛋带回博物馆，甚至把母亲收藏的珠子也放进了博物馆。

玛乔丽和一艘渔船的船长是朋友。一天，船长捕到一条奇怪的鱼，玛乔丽急忙赶到码头去看。她轻轻擦去亮蓝色鱼鳞上的粘液，发现这是她见过最美的鱼。玛乔丽把这条美丽的鱼画了下来，并把画寄给了一位叫詹姆斯·史密斯的鱼类专家。詹姆斯简直不敢相信自己的眼睛——这竟然是一条腔棘鱼。当时，科学家认为腔棘鱼已经灭绝，没想到还有存活！詹姆斯以玛乔丽的名字将其命名"拉蒂迈鱼"。
玛罗丽在博物馆工作至1973年。

玛丽·李奇
（1913年2月6日-1996年12月9日）

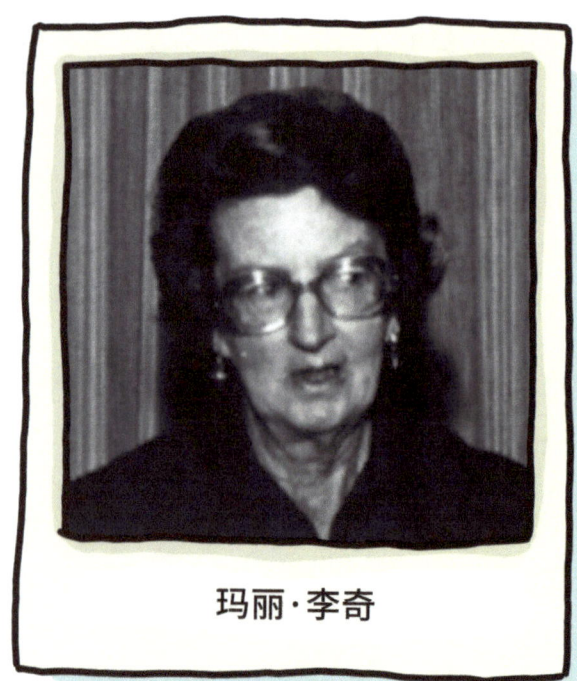
玛丽·李奇

玛丽·道格拉斯·尼科尔·李奇

1913年2月6日出生于英国伦敦。
她父亲是一位环球旅行的艺术家，
玛丽和母亲随行。
玛丽喜欢探索世界各个角落，
于是她决定成为一名科学家。

她喜欢考古挖掘，
还喜欢把发现的东西都画下来。
后来，玛丽与路易斯·李奇结婚，
他是一位人类学家。他们带着他们的斑点狗搬到肯尼亚居住，在那里养育了三个孩子。

夫妻两人开始在肯尼亚寻找人类遗迹和化石，玛丽给找到的物品绘图。
她发现了一种古灵长类动物——"原康修尔猿"的头盖骨化石。
20世纪50年代，夫妻两人又去了坦桑尼亚，在奥杜威峡谷寻找化石。
玛丽又找到了人类远古近亲——"东非人"的头盖骨。
数年间，他们一直在那里寻找化石。

1972年丈夫路易斯去世后，玛丽仍坚持在奥杜威峡谷考察，
并进行学术报告，与人们分享自己和孩子们的探索成果。
玛丽从未接受过正规教育，而是在研究工作中自学所需技能。
她在人类最古老近亲的研究领域做出了重大贡献。

乔安·薇芬
（1922年2月4日-2009年6月30日）

乔安·薇芬1922年2月4日出生于新西兰。她从小喜欢收集岩石和宝石。第二次世界大战期间，她加入过女子空军辅助队伍。

乔安于1953年结婚。某年，乔安的丈夫开始学习地质学课程，有一天他生病无法前往，于是乔安替他去上课。
在一张地图上，她看到家附近的山谷里有"古爬行动物骨骼"，回家后，乔安就出发去寻找化石。
结果，乔安一发不可收拾，她的化石发现接二连三。
这些化石来自于会游泳的爬行动物，例如沧龙、蛇颈龙、海龟。

1975年，乔安发现了一块与众不同的化石，
她认出这是某种动物的脊柱，但是是哪种动物的呢？乔安被难倒了！

1979年去参观澳大利亚昆士兰博物馆时，
她遇到一位名叫拉弗·莫纳儿的古生物学家，
在他的桌子上，乔安看到了一件熟悉的化石，
与她之前发现的一模一样。拉弗说这块化石是某种恐龙尾巴的一部分，
而乔安的发现，是首次在新西兰找到的恐龙化石——
一块属于"兽脚类恐龙"的化石！ 这之后，她又发现了甲龙、鸟脚类恐龙、翼龙的骨骼， 与拉弗在多个科研项目中合作。
乔安的刻苦研究使她举世闻名，人们亲切地叫她"恐龙女士"！

索菲亚·柯兰-亚沃洛斯卡
（1925年4月25日-2015年3月13日）

索菲亚·柯兰-亚沃洛斯卡

索菲亚·柯兰-亚沃洛斯卡1925年生于波兰。她就读于华沙大学，第二次世界大战期间，学校的很多教室被毁，于是学生们只能在住宅和公寓里上课。

课上她了解到蒙古戈壁沙漠，得知美国科学家在那里发现了恐龙化石，因此她也非常向往去戈壁沙漠探索。

于是，索菲亚组织了考察队前往蒙古，实现了探访戈壁沙漠的梦想！

她带领的队伍在这里发现了恐龙和哺乳动物的化石。后来她曾七次到戈壁沙漠考察，发掘了多件令人赞叹的化石！

索菲亚长期在地球上各个角落探索，曾在美国、法国以及挪威工作，与多国科学家共事。

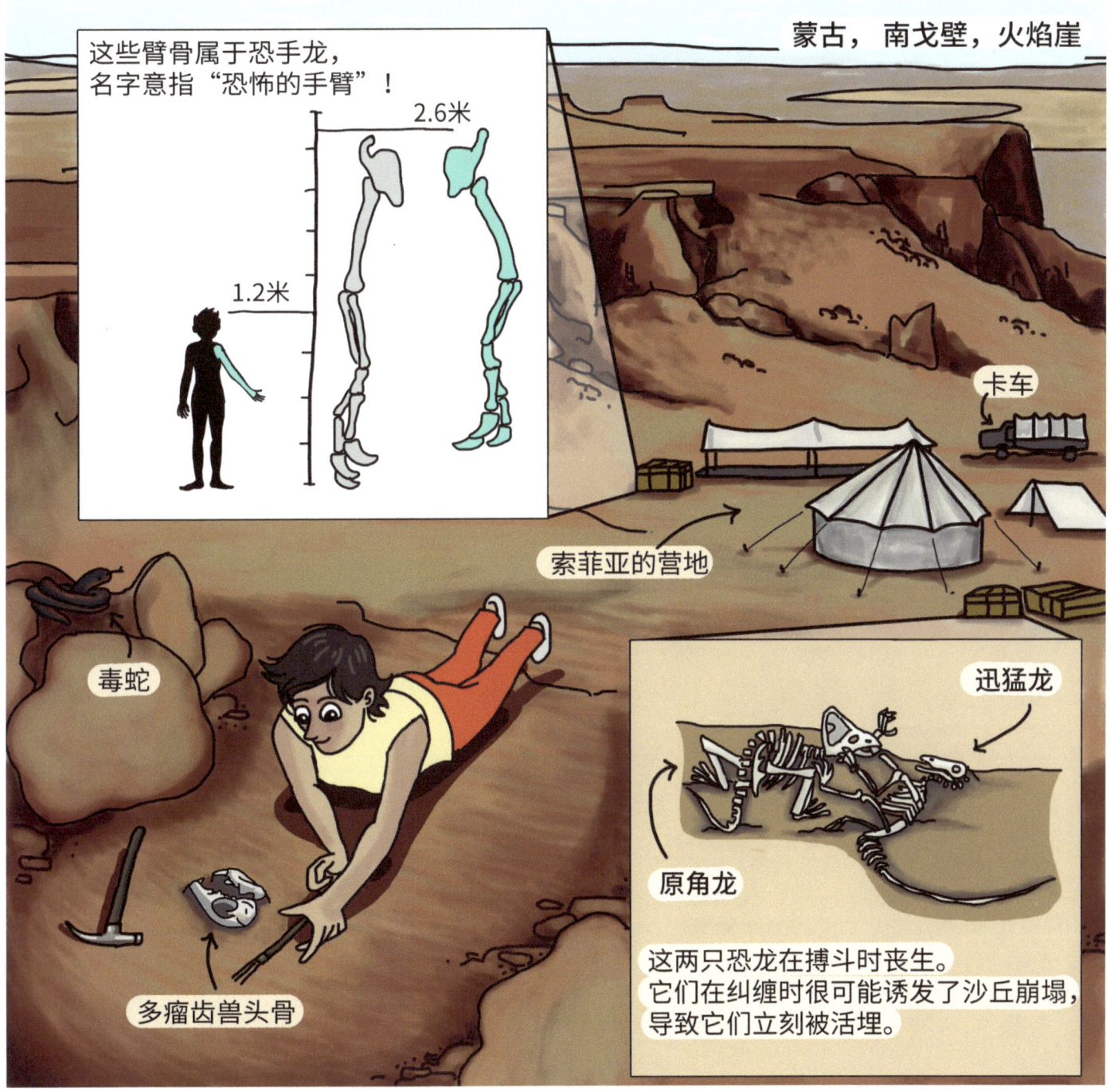

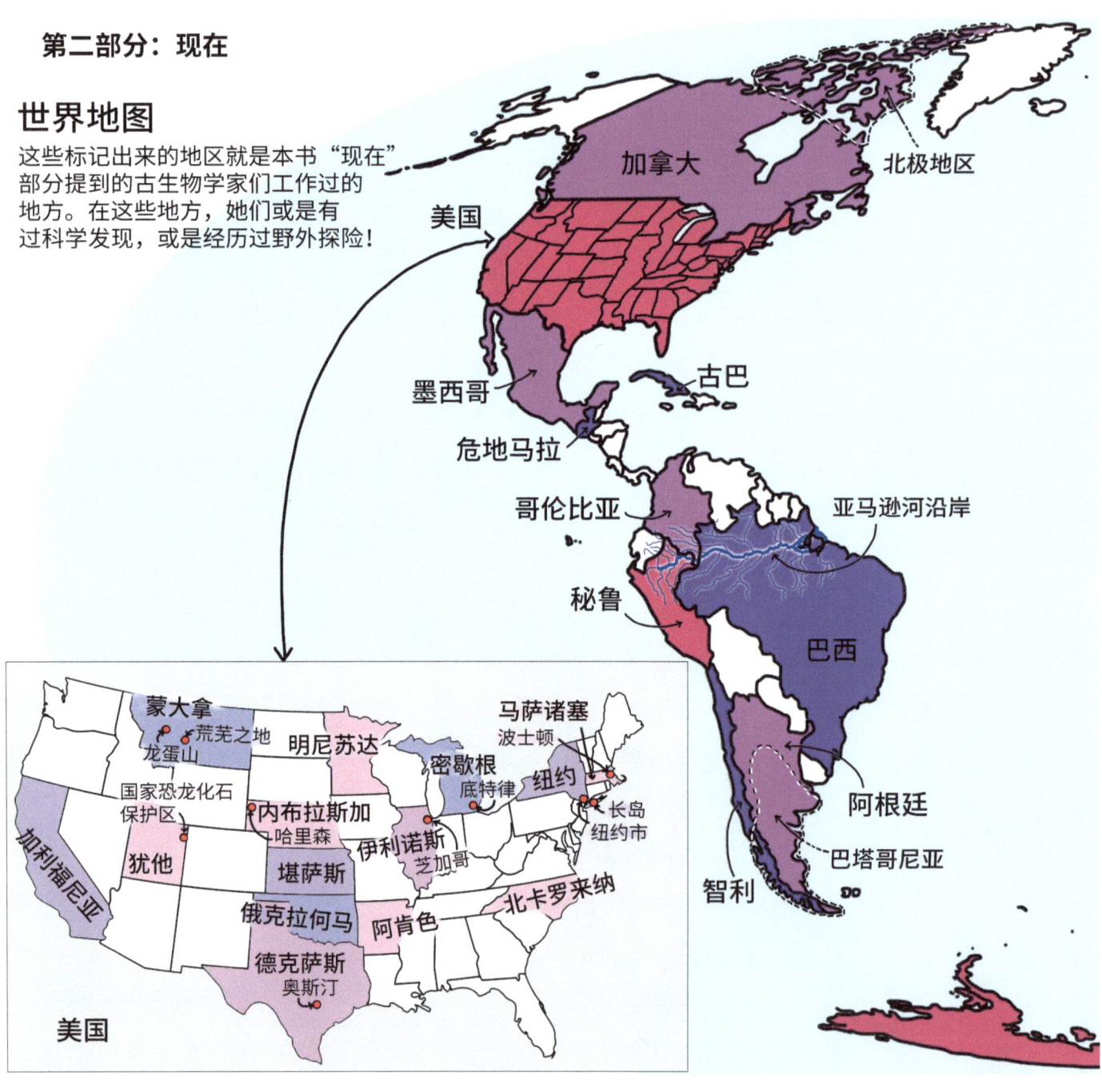

第二部分：现在

世界地图

这些标记出来的地区就是本书"现在"部分提到的古生物学家们工作过的地方。在这些地方，她们或是有过科学发现，或是经历过野外探险！

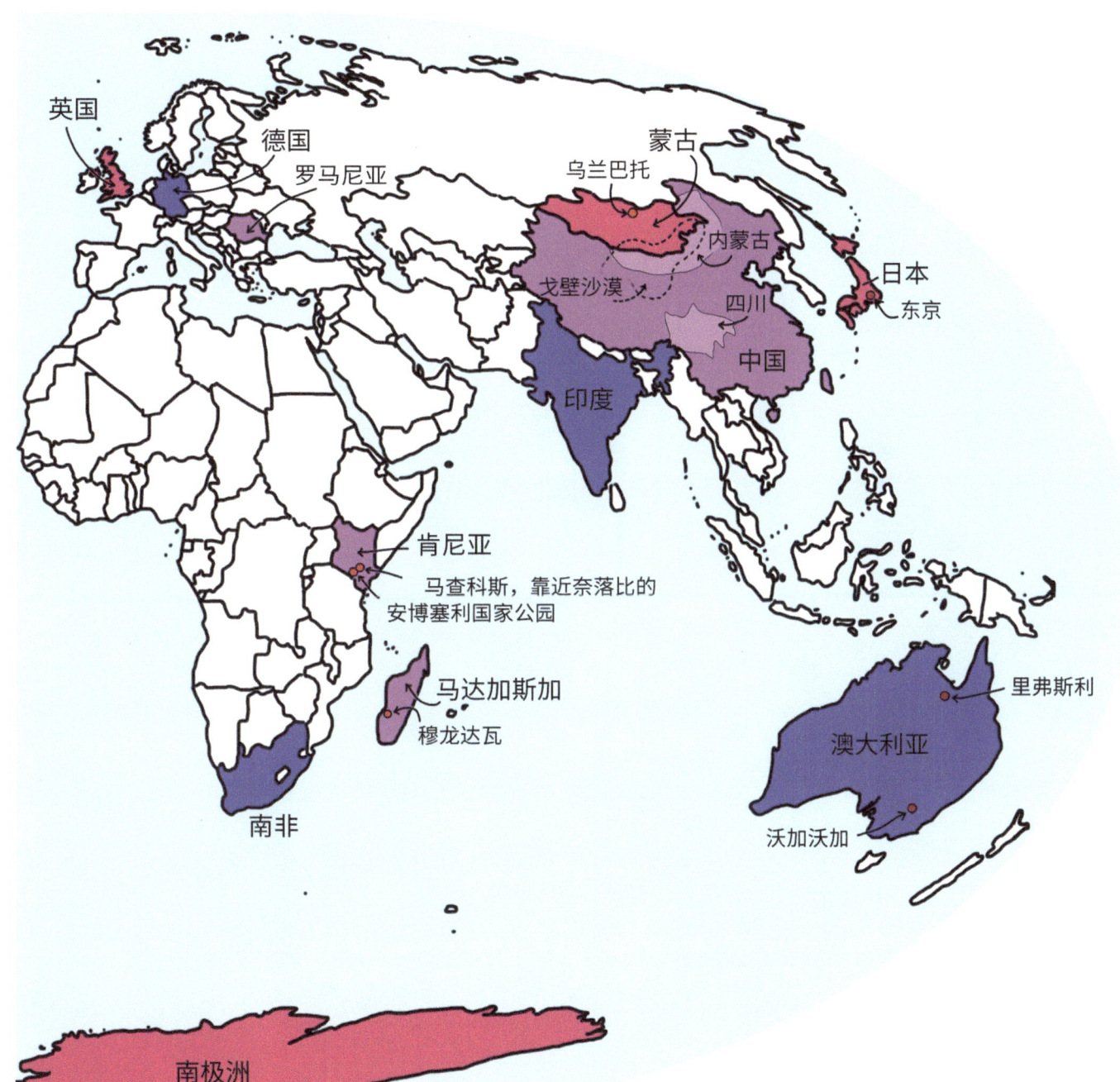

教授

教授会给不同层次的学生们讲课。有的教授教大学生,有的教研究生,并指导他们获得硕士或博士学位。研究生需要独立地进行科学研究,而教授会帮助其成为领域内的专家。还有的教授向有志于成为医生、护士的人授课。下文中的茱莉亚、凯琳、洛瓦索亚、玛丽索尔、安佳丽、佐兰、苏珊、艾玛、霍莉和阿努西雅都是教授。

茱莉亚·克拉克

茱莉亚·克拉克

茱莉亚在美国加州长大,
很喜欢在泥地里探索、挖掘。
因为患有"学习障碍症",所以在校读书对她来说十分困难,
茱莉亚无法大声朗读或迅速计算数学题,然而这些困难都没能打倒她。
大学期间,她参加了化石实地考察,并因此坚定了"成为一名古生物学家"的想法。

偶像:伊莎贝拉·伯德的伟大探险家及上世纪们。

最爱的化石发:蒙古的戈壁沙漠掘地。

茱莉亚说过:"科学令人乐在其中,带着你的好奇心去探索吧!"

最爱的化石:
自己正在研究的那一块。

现在,茱莉亚是德克萨斯大学奥斯汀分校的一名教授,
从事鸟类进化领域的研究。
她发现了世界上第一块"鸣管"化石。
"鸣管"是让鸟儿可以唱歌的发声器官。

凯琳·科里森

凯琳在美国纽约的长岛长大，虽然热爱地质学，但她刚开始还不确定自己长大后要做什么。大学期间，她参加了一门关于"进化"的课程，这门课简直太棒了！凯琳从此开始研究哺乳动物化石。凯琳的博士学位是古生物学专业，这是她人生最自豪的时刻之一。现在，凯琳是一名教授，向医科生授课。她致力于刺鳐及其他鱼类化石的研究，探索骨骼如何在鱼类游泳时产生动力。

最爱的化石发掘地：
巴塔哥尼亚、阿根廷、南极。

偶像：
莫林·奥莱利博士

最爱的化石：
轮鳐鱼，
一种已经灭绝的鳐鱼。

凯琳·科里森

茱莉亚和凯琳都从事南极化石的研究。
事实上我们对南极化石知之甚少，
原因之一就是，
恶劣环境导致很少有人能去那里，
科学家们要乘坐一种叫做"破冰船"的大型船只前往南极。
茱莉亚和凯琳需要在陡峭的悬崖上探寻化石，
攀爬很长的距离，
然后在直升机的协助下搬运工具和化石。
在严寒中露营是很刺激的体验，
人们使用特殊的帐篷和衣物保暖，
而食物只要放在室外就可以了，
就像住在一个巨大的冰箱里！

凯琳说："问问自己'想知道什么'，
带着问题，寻找答案；
读万卷书，行万里路；
还原真相，描绘事实；
交流讨论，互换思维。"

洛瓦索亚·瑞尼沃哈里玛那那

洛瓦索亚在马达加斯加出生、长大。
马达加斯加是一个岛国，
拥有许多独特的动植物。
洛瓦索亚对自然充满了兴趣。

最爱的化石发掘地：
马达加斯加的穆龙达瓦

偶像：约翰·弗林博士

洛瓦索亚·瑞尼沃哈里玛那那

她毕业于塔那那利佛大学，
现在在该校担任教授，
从事马达加斯加化石的研究。
达达横齿兽、
红岛横齿兽就是由她发现的，
它们是哺乳动物的近亲，
远古时期就生活在马达加斯加这片土地上，甚至比绝大多数恐龙还要久远！
洛瓦索亚想给塔那那利佛大学建一座博物馆，因为这所大学至今还没有博物馆。
这座博物馆将为马达加斯加化石提供一个安全的港湾，供人们参观、研究。

最爱的化石：
达达横齿兽，红岛横齿兽，
两种马达加斯加的下孔类动物

洛瓦索亚说：
"想要找到化石，你必须热爱探险，你必须抓紧线索，做一个'化石神探'。
有时，化石踪迹难寻，所以你要保持耐心与严谨。
记住，化石是需要人类极力保护的、不可再生的瑰丽遗产。"

玛丽索尔·蒙特塞罗

玛丽索尔出生于墨西哥的首都——墨西哥城,她的父母和祖父母从西班牙来到墨西哥。玛丽索尔梦想做一名宇航员或一名海洋生物学家。

她在墨西哥国立自治大学学习生物专业。玛丽索尔在校期间参加了化石实地考察。这次考察改变了她的一生。
使她决定成为一位古生物学家。
而后她在加州大学伯克利分校取得博士学位。

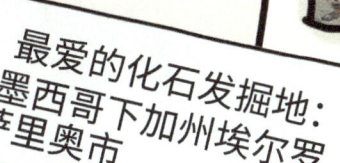

玛丽索尔·蒙特塞罗

偶像:
父母和祖父母

最爱的化石发掘地:
墨西哥下加州埃尔罗萨里奥市

如今,玛丽索尔任职于墨西哥一所大学的地质研究院,教授地质学和古生物学。
玛丽索尔在墨西哥寻找化石的脚步从未停歇,
即使38年过去了,
她仍然因为能成为一位古生物学家而开心。

最爱的化石:
太多,很难只选出一个。

玛丽索尔说:"我们做古生物学家,就像做侦探,将零散的证据汇总,
用化石和岩石,重现远古的生命。
作为古生物学家,要能够读懂化石的'语言',要精通生物学、动物学、植物学,
同时因为化石就藏在岩石里,所以学习地质学也是很有必要的。
化石难寻,作为古生物学家,要有毅力和耐心,善于接受新思维,
努力学习新知识。
在我看来最重要的还是——做你喜欢做的事情。"

安佳丽·戈斯瓦米

安佳丽的父母从印度移民到美国密歇根州底特律市，
安佳丽随后在底特律出生。
她从小喜欢动物，热爱自然，
但直到大学，才对古生物学产生兴趣，
攻读了生物学、地质学。
后来，安佳丽去印度研究老虎，
又返回美国学习古生物学。
各种动物的形态、体型千差万别，
它们是如何演化的呢？这就是她所研究的课题。
安佳丽现在是一名古生物学教授。

安佳丽·戈斯瓦米

最爱的化石发掘地：阿根廷西南部，但她同时还喜欢所有去过的地方。

偶像：
许多科学家以及自己的导师，尤其崇拜约翰·弗林博士。

最爱的化石：
黑袋剑齿虎

她说："不要臆测自己学不好某个学科或者某件事物，因为第一次接触是无法得出这样的结论的。
很多时候，至少对我而言，我需要利用一些工具，去分析解决那些感兴趣的问题，所以不要在第一次尝试时，就对某种事物丧失信心。
找出你的兴趣所在，努力实现你的目标，相信自己能够做到，这样就足够了！"

佐兰·加斯帕里尼

佐兰在阿根廷拉普拉塔市长大，
喜欢参观自然史博物馆。
佐兰年轻时，
整个南美洲都没有几位古生物学家，
所以她结交了很多外国朋友，
和朋友们一起寻找化石。

最爱的化石发掘地：
阿根廷巴塔哥尼亚南部、
智利阿塔卡马沙漠、古巴西部、
哥伦比亚

佐兰研究鳄鱼化石，她已经在整个拉丁美洲发现了新物种，并研究这些生物的栖息地。

佐兰·加斯帕里尼

佐兰说："古脊椎动物学是一个大学科
并不是只有恐龙。
刻苦工作，努力学习，保持耐心，只有这样才能成为古生物学家。
古生物学家需要探索的道路永无止境！"

偶像：
罗森多·帕斯夸尔博士，
何塞·波拿巴博士

最爱的化石：所有鳄鱼，
及其他海洋爬行动物

佐兰是鳄鱼及海生爬行动物领域的专家，
你能在本书的其他页找到这两类动物吗？

苏珊·汉德

苏珊出生于澳大利亚的沃加沃加市。
大学期间,她做了一个有关蝙蝠的项目,
了解了许多有趣的蝙蝠化石。
从那时起,她开始了古生物学研究!

苏珊·汉德

最爱的化石:顽齿鸭嘴兽
(一种已经灭绝的澳大利亚大型鸭嘴兽)

苏珊获得博士学位后就当了老师,
现在,她是新南威尔士大学的一名教授。
至今,苏珊已经发现了超过100种新物种化石。
她挖掘到一种已灭绝鸭嘴兽的化石,
这是唯一一种被发现的已灭绝鸭嘴兽。
有些化石是封藏在琥珀中的,
人们很难对其进行研究。
苏珊和其他科学家组成研究团队,
使用特殊技术探寻琥珀内部的奥秘。

她说:"追随自己的激情吧。
古生物学家需要冒险精神和创造力,
还需要一个能够记住形状与细节的好脑子,
练习拼图游戏或许会有所帮助!"

最爱的化石发掘地:
里弗斯利
(位于澳大利亚北部,
卡奔塔利亚湾)

艾玛·姆布阿

艾玛来自肯尼亚首都内罗毕市附近的马查科斯。她离开家乡，
在英国利物浦大学拿到了硕士学位，
而后在德国汉堡大学取得博士学位，
如今在肯尼亚国家博物馆进行科研工作。
同时她还在肯尼亚山大学任教，
讲授人类进化课程。

艾玛还在内罗毕附近发现过人类化石。
她是首个被李奇基金会授予
"玛丽·李奇奖"的科学家。

艾玛·姆布阿

最爱的化石发掘地：
肯尼亚图尔卡纳湖东侧的库比

偶像：凯伊·贝恩斯麦尔博士，
梅亚维·利基博士，
莱斯利·艾洛博士，
爱丽森·布鲁克斯博士

当她在河岸边发现一具河马骨骼化石时，
洪水将化石淹没，两星期后洪水退去时，
化石被掩埋在一英尺（约30公分）厚的泥浆之下！
她和同事不得不挖出所有泥土来抢救这具化石。

最爱的化石：
一块来自肯尼亚鲁辛加岛的蝗虫化石

她说："古生物学是一门充满独特魅力的学科，独一无二。
古生物学可以带你探索所有已经灭绝的生物，包括恐龙。"

霍莉·伍德沃·巴拉德

霍莉从小在美国北卡罗来纳州长大，
一直喜欢恐龙，
喜欢读科学、自然相关的书籍。
进入大学后，她主修艺术和地质学，
选修了许多地质学、生物学课程。
现在霍莉是俄克拉荷马州立大学的一名
教授，给医学生讲授解剖学，
而且仍在坚持恐龙研究！
她将恐龙骨骼切成非常薄的切片，
在显微镜下观察，分析恐龙的生长速度。

霍莉并不是一个善于团队协作的人，但科学家们一起探索新事物是十分必要的，所以她必须努力学习融入科研团队。对科学问题的讨论使她打开心扉，使她迫切希望与所有人分享自己的新发现！

霍莉·伍德沃·巴拉德

最爱的化石：
霸王龙（一种大型肉食性恐龙）

霍莉说："作为古生物学家，
你可以成为任何自己想要成为的人才！
如果你喜欢化学，可以去研究化石化学；
如果你喜欢物理，可以去研究已灭绝动物如何运动；
如果你喜欢生态学，可以去研究古生物栖息地；
如果你喜欢数学，可以去研究化石统计学。
任何与科学或数学相关的学科，
都可以用于研究地球生命的历史。"

偶像：科学方法

最爱的化石发掘地：
美国蒙大拿州的荒芜之地

阿努西雅·金萨米-杜蓝

阿努西雅在南非长大，
她家是从印度搬迁过去的。
在她年少时，南非实行种族隔离制度，
导致学校被分隔出去。
在父母的帮助下，她得以
在学校努力读书。
尽管在种族隔离的不平等制度下，
她仍然向往成为古生物学家。
阿努西雅后来终于考入金山大学。
刚开始几年的大学学习异常辛苦，
阿努西雅被其他同学远远地甩在后面，
于是她发愤图强，终于赶上
了其他同学。

最爱的化石：
刀背大椎龙（一种南非的蜥脚龙）

她说："追逐热情，尽你所能，一切自然水到渠成。"

阿努西雅·金萨米-杜蓝

最爱的化石发掘地：中国

偶像：
索菲亚·柯兰-亚沃洛斯卡

阿努西雅用显微镜观察化石，探索动物生长的规律。
恐龙、鸟类、翼龙和哺乳动物都是她的研究对象，
同时，她还致力于帮助其他非白人女性成为科学家。
阿努西雅的努力有目共睹，曾获得南非"年度杰出女性奖"！

博物馆研究馆员

博物馆研究馆员在博物馆里工作。他们负责管理收藏到的化石，策划新的展览供人们参观，还进行科学研究。研究馆员帮助人们去了解博物馆里的化石，部分研究馆员还在大学里讲课。玛丽、由莉和凯伊都是博物馆研究馆员。

玛丽·道森

玛丽一直对动物充满好奇心，她常常想，"动物们是怎么变成现在的样子的"。

她在美国密歇根州长大，而后去堪萨斯州完成了学业。

追寻着自己的爱好，
她从事哺乳动物化石以及大陆板块移动的研究。
玛丽最初展开科研项目时，
仅有少数女性从事化石研究，
她付出了很多时间与努力，
才证明自己的能力。
功夫不负有心人，
玛丽后来获得了很多奖项。

玛丽·道森

玛丽说："善用你的眼睛！"许多地方都埋藏着化石，如果细心观察，你也能找到化石！

偶像： 马修博士

最爱的化石发掘地：
加拿大高纬度北极地区

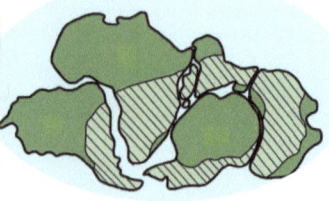

让我们回忆一下前文，
历史上哪位古生物学家也是研究
"大陆漂移"的呢？

木村由莉

由莉在日本东京长大。
7岁时由莉随母亲参观恐龙展，
她一遇到博物馆里的科学家，
就立刻明白了科学知识就是自己人生的追求。
于是她刻苦读书，成功考入大学，
学习地质学专业。后来她还去了美国，
那次是她第一次出国！

现在，由莉是东京国立科学博物馆古脊椎动物学研究馆员，
从事哺乳动物化石研究。
她通过研究哺乳动物的牙齿，
来了解过去的气候变化。

木村由莉

最爱的化石发掘地：
中国内蒙古

最喜爱的化石：米拉鼠科，
头上长角的角鼠，和她自己在内蒙古发掘出的一种古老的桦木鼠

偶像：
罗伊·查普曼·安德鲁斯

由莉说：
"我的梦想在7岁时就已经成型。
每当遇到困难时，我就会问问'7岁时的自己'想怎么做，
我要为那时的自己完成梦想。
我的建议就是，永远不要忘记你爱上古生物学的那个美好时刻。"

安娜·凯瑟琳·"凯伊"·贝恩斯麦尔

凯伊在美国伊利诺伊州长大，喜欢在家附近收集化石，这些化石来自海洋生物。数千万年前，伊利诺伊州是淹没在海洋之中的！

凯伊博士毕业于哈佛大学。由于不敢在观众面前演讲，她做了很多努力去克服。

安娜·凯瑟琳·"凯伊"·贝恩斯麦尔

偶像：她的母亲

凯伊说："只要你真的想成为一名古生物学家，就能做到。找到对你有帮助的人，向他们学习，永不放弃！"

现在她是史密森尼国家自然历史博物馆的一名研究馆员，研究化石是怎么形成的。凯伊有一个已经持续研究了40年的课题！她还研究远古动植物如何在栖息地共同生存。

最爱的化石发掘地：
肯尼亚的安博塞利国家公园

去肯尼亚的实地考察是她人生最美好的回忆之一，在那里她发现了200万年前人类使用过的工具。后来，她在广播里听到人类首次踏上月球的新闻。她不禁感叹人类巨大的改变——
从石头到火箭飞船！

最爱的化石：
所有化石都喜欢

政府机构

有些古生物学家为政府效力，他们帮助政府保护化石。组织研究人员前往化石地点，监督他们按规定发掘，还会建立化石公园标识指导人们参观。这些古生物学家担任着各种职位。比如，瑞贝卡效力于美国土地管理局！

瑞贝卡·亨特-福斯特

瑞贝卡在奥克拉荷马州和阿肯色州长大。她热爱动物，有时会在家附近的树干中发现动物骨骼，并把这些动物画下来。因为患有"学习障碍症"，在校读书对她来说十分困难，尤其是数学。尽管这样，瑞贝卡仍然取得了硕士学位，成为土地管理局的一名古生物学家。

最爱的化石：一块海百合化石，它位于一具恐龙化石旁边，而早在这只恐龙死亡之前，这只海百合就已经是化石状态了。

最爱的化石发掘地：美国内布拉斯加州的哈里森市

瑞贝卡说：
"来自任何地方的任何人，都可以成为古生物学家！
一、尽可能多读书；
二、多去博物馆和公有土地参观；
三、寻找本地的化石；四、给古生物学家写信、提问；五、去户外感受大自然。"

瑞贝卡·亨特-福斯特

她与规划街道、建造大楼的人一起工作，以确保他们不会在化石上修路盖楼。瑞贝卡发明了许多方法，避免在研究时损坏化石。她喜欢与孩子们讨论化石，回答他们提出的问题。

CT扫描

CT扫描仪是一种特殊的X-光仪器,它可以得到数千张图像。计算机将这些照片汇总建模。古生物学家利用CT扫描仪来探查化石的内部,还可以用它构建化石的3D模型

易鸿宇和加布埃拉使用CT扫描仪进行科学研究。

易鸿宇

易鸿宇在中国四川省出生、长大,从小热爱自然和旅行。
大学期间,她参加了古生物学课程,心想:"哇,我要在这个领域发展!"
她刻苦学习,因为她知道未来会像她梦想的那样富有挑战。
现在已经是中国科学院古脊椎动物与古人类研究所的一名研究人员。

易鸿宇

偶像:
罗伊·查普曼·安德鲁斯

最爱的化石发掘地:
蒙古戈壁沙漠

易鸿宇说:"去采集化石吧,实地考察超级有趣!"

最爱的化石:卡瓦拉栉虫,一种头部有突出长柄眼的三叶虫

易鸿宇小时候很怕蛇,后来却发现蛇极具魅力,于是她决定研究蛇类。她现在甚至还养了一条宠物蛇!
易鸿宇使用CT扫描观察蛇头骨的内部,从而知道这条蛇是在水中游泳、地上爬行还是地下生存。

加布埃拉·索布拉尔

加布埃拉在充满阳光的巴西热带地区长大。

恐龙题材的电影令她对古生物学产生了强烈的兴趣，开始喜欢去动物园和自然历史博物馆。

加布埃拉后来前往德国攻读博士学位，远离亲人和朋友，十分艰辛，毕竟德国和巴西如此不同！

尽管辛苦，她仍然博士毕业了，现在已经回到巴西成为一名研究人员。

加布埃拉·索布拉尔

最爱的化石：
石印始祖鸟，一种早期的鸟类

最爱的化石发掘地：
阿根廷

偶像：
电影《侏罗纪公园》里的艾伦·格兰特博士

加布埃拉通过使用CT扫描来构建鳄鱼、鸟类、以及它们的祖先的头骨3D模型，从而研究动物是如何在鳄鱼蛋或鸟蛋中生长的。

她说："不要听别人的话而找所谓的'好工作'，因为古生物学研究本来就是一份真正的好工作！女性也可以研究恐龙的。"

标本修复技师

标本修复技师在博物馆里工作。他们使用刷子、针、显微镜和钻机，来清理包裹在化石外面的石头；用胶水把化石碎片粘在一起。这份工作最难的就是，要始终保持耐心和平静。然而，当整理好的化石成为一项重大科学发现，你就会发现一切都是值得的。安娜和明子是标本修复技师。

安娜·巴卡索

偶像：杰克·康拉德博士

安娜·巴卡索

最爱的化石发掘地：亚马逊河岸

安娜在危地马拉出生，5岁时随父母移民到纽约，艰难地适应了新的语言环境。她毕业于哈佛大学。安娜很想研究考古学，却在银行找到一份工作，后来她很快离开了银行，成为一名科学家。现在，安娜是一名标本制作师，每当有化石被送到博物馆，她就要负责化石的保护工作。如果化石上还覆盖着围岩，她得细心地把围岩清理干净。

安娜喜欢向人们展示自己是如何工作的。如果谁因为她的展示，而决定长大后做标本修复技师，她会感到非常自豪！

安娜说："作为一名古生物学家，你可以发展各种工作能力，例如标本管理和修理化石。"

最爱的化石：自己正在研究的那一块。

新谷明子

明子在日本出生、长大。
她喜爱化石，尤其是恐龙化石，
还喜欢去东京国立科学博物馆参观。
明子大学期间学习的是经济学，
后来在一家大公司工作。
但其实她真正想做的是古生物学研究！
改变职业方向是一件很难的事情。
明子敢于向其他人寻求帮助。
终于她成为了菲尔德自然史博物馆的
一名标本修复技师。

明子去阿根廷巴塔哥尼亚考察时,
发现了兽脚类恐龙的新物种，
这种恐龙以她的姓
氏而命名为——
新谷异特龙。
这是她人生最自豪的时刻之一。

新谷明子

最爱的化石发掘地：
阿根廷的巴塔哥尼亚。

最爱的化石：
新谷异特龙

偶像：
比尔·阿马拉尔

明子说："这是我梦想中最棒的工作了，比我想象的更棒！
我遇到了来自世界各地的人，与他们成为朋友；
我在阿根廷、秘鲁、罗马尼亚、中国、澳大利亚工作过，
明年冬天我就要去南极啦！虽然很喜欢修理标本，但野外考察是我爱上这
个工作的主要原因。如果你喜欢户外、野营、努力工作和认识朋友，那么也许你
也适合做一名标本修复技师噢。"

科学推广

有些古生物学家的工作,是向人们普及古生物学知识。普及古生物学可以有多种方法,包括在博物馆内组织活动,或者把活动带到那些无法来到博物馆的人身边。他们的目标是使更多人喜欢科学,并帮助人们学习科学思维。
阿诗丽和波乐采克从事科学推广工作。

阿诗丽·霍尔

阿诗丽·霍尔

阿诗丽在美国伊利诺伊州的芝加哥市长大,
从4岁起就喜欢上了古生物学,
很爱去博物馆参观恐龙和木乃伊。
长大后她想进博物馆工作。
阿诗丽大学期间研究古人类学,
学习如何在考古遗址中辨别人类骨骼。
她已经做过很多古生物学相关的工作,
每份工作中,她都有新的收获。
她甚至还参加过寻找化石的野外考察!
阿诗丽现在克利夫兰自然史博物馆工作。

阿诗丽说:"永远不要放弃。如果找到一份你热爱的工作,那么对你而言,生活中将不再有'工作',只有乐趣。"

阿诗丽
向来到博物馆的孩子们普及古生物学知识,
还带领参观者进行实地考察。
她喜欢与孩子们分享自己对化石的热爱。

偶像:杰克·霍纳博士

最爱的化石:
副栉龙,一种鸭嘴恐龙。

最爱的化石发掘地:
美国蒙大拿州的龙蛋山

波乐采克·敏金

波乐在蒙古国首都乌兰巴托市长大。
她父亲是一名古生物学家,
并鼓励她也成为古生物学家。
波乐在美国读完博士后,
回到蒙古戈壁沙漠做野外考察。
她研究的是一种已灭绝的哺乳动物——多瘤齿兽。
波乐曾协助将一具走私的恐龙化石送回蒙古国。

最爱的化石发掘地:
美国犹他州的国家恐龙化石保护区

偶像:珍·古道尔

波乐采克·敏金

某天,一辆美国自然史博物馆的巴士将要被报废,
波乐把它买了下来,送回蒙古国,
还把里面布置成一个小型恐龙博物馆。
她驾驶着这辆巴士去往戈壁沙漠中的各个村庄,
向孩子们讲述曾经在那里生存过的恐龙的故事。

波乐说"保持好奇心。
人们往往会只看到自己已经知道的事情,
然而重大的发现,
正是来自于灵活的思维和好奇的眼睛。
人们说自己做不到时,
其实通常是'认为'自己做不到,
或者想不到该怎么去做,所以,
不要因为缺乏想象力而限制自己。"

最爱的化石:"打斗中的恐龙"化石,
一只原角龙和一只伶盗龙打得难分难解

 索菲亚·柯兰-亚沃洛斯卡的主页上就有"打斗中的恐龙"的图片!

家庭

有些古生物学家会带上他们的伴侣和孩子,一起去野外考察。
凯伦和卡西去考察现场时,会带上孩子。她们需要提前考虑好一切状况,
为天气、蛇、医疗急救做好准备。凯伦和卡西各自的丈夫也都是古生物学家,
夫妻一起寻找化石,一起照顾孩子。当面临挑战时,他们互相依靠,
共同应对。凯伦说:"你可能会担心安全而不想带孩子去科考现场,
但如果你这么做了,就会发现非常值得。"

卡西·福斯特

> 最爱的化石发掘地:
> 所有去过的地方

卡西在美国明尼苏达州长大,
一直对恐龙很有兴趣,
喜欢去参观自然史博物馆。
卡西参军两年后,考上了大学,
最爱的科目是地质学。
她参观各种博物馆,参加实地考察。
卡西非常明确地想成为一名古生物学家。
现在卡西是乔治华盛顿大学的一名教授,
研究鸭嘴恐龙。

卡西·福斯特

> 偶像:索菲亚.柯兰-亚沃洛斯卡(见前文),哈世卡.奥斯莫斯卡,特丽莎.玛瑞斯卡。

> 最爱的化石:胁空鸟龙,来自马达加斯加,一种类似鸟类的远古恐龙

卡西说:"如果你想学好古生物学,
不要让任何人阻止你去实现这个想法,
你需要努力工作与学习,全心地投入。"

凯伦·西门斯

凯伦在美国马萨诸塞州的波士顿长大,
大学期间学习生物学、人类学。
现在,她在北伊利诺伊大学担任教授,
向医学生授课。

凯伦从事马达加斯加化石的研究,
每年夏天她都要去那里寻找化石,
研究马达加斯加的动物是如何随时间
而变化的。

她曾经发现了一个新的化石地点,
在此之前从没有人在那里找到过化石。
其他科学家都说没有去那里的必要,
但凯伦去了,而且找到了海牛化石。

偶像:
玛丽·麦斯博士

凯伦说:"坚持学习!
如果你乐于体验新鲜事物,
不害怕别人的否定,惊喜会自然降临
在你的身上。
记住,当事情发生时,
是你的行为和态度,
使一切向积极的方向发展。"

最爱的化石:
侏儒海牛的一颗牙齿,
侏儒海牛是一种马达加斯加
的海牛

凯伦·西门斯

最爱的化石发掘地:
马达加斯加

科学插图

艺术家会为化石拍照和绘制插图,然后科研人员用这些图像与大家分享化石知识。有些艺术家会绘制图像或制作雕塑,重现已灭绝生物当年的样子。
露溪是一名插画师。

露溪·贝蒂-奈什

露溪在美国纽约附近长大,父亲是一名平面设计师,带她进入了艺术的世界。
露溪毕业于石溪大学,学习艺术专业,但她同时也对科学很感兴趣。后来,露溪成为了一名科学插画师,努力的过程充满艰辛。
露溪与科学家一起工作,绘制插图,制作雕塑,还会画出恐龙活着的时候可能的样子。

露溪·贝蒂-奈什

偶像:乔治娅·奥·吉弗,玛格丽特·米伊,戴夫·克劳斯博士

最爱的化石:克氏狮鼻鳄,一种发现于马达加斯加的白垩纪食草性鳄鱼

最爱的化石发掘地:任何地质情况有趣的地方

露溪说:
"你首先得喜欢这件事!如果你真正地喜欢一个领域,就会想尽办法地了解有关它的一切。古生物学里,有太多令人目眩神迷的事物等待你去挖掘。保持开放的思维,跟着你的兴趣走!"

她最喜欢的项目是完成铠甲魔鬼蛙的雕塑。魔鬼蛙是一种巨大的青蛙。
雕塑要求完工的时间很赶,同时又要保证足够坚固,被许多人触摸后都不会坏,然而她成功做到了!

第三部分：未来

萨娜·爱尔-塞得

萨娜在埃及曼苏拉附近出生、长大。
11岁那年，
她在学校看了一本有关化石的书，
第一次对古生物学产生了兴趣，
大学期间读了古生物学专业。
她已经参加过多次实地考察，
研究来自埃及的鱼类和恐龙。

萨娜说："把对古生物学的热情，
化作追求成功的动力，永远记住
你为什么对它如此热爱。"

★ 萨娜·爱尔-塞得

最爱的化石：瓦第阿西坦鲶，
一种埃及的鲶鱼化石

最爱的化石发掘地：
埃及法尤姆洼地的鲸之谷

萨娜正在为取得博士学位做努力，
她将会成为埃及首批女性古生物学家中的一员。
她还想鼓励其他女性成为古生物学家。
"社会期望"是萨娜需要面对的最大挑战，
因为在埃及，女性深入到沙漠中工作是很罕见的，
很多女性不会离开家超过一天时间。然而，萨娜的家人都很支持她，
鼓励她去做任何自己喜欢的事情。

萨娜发现、制备并命名了 瓦
第阿西坦鲶！
她说："我爱这具化石！"

阿蜜塔·马娜萨迪

阿蜜塔在美国伊利诺伊州的芝加哥市长大，现在就读于加州大学伯克利分校，通过研究幼鸟来了解幼年恐龙。

阿蜜塔是首批美籍伊朗裔古生物学家之一。
她有一张与学术会议中其他人完全不同的脸，面对这些，需要勇气，
但她很坚强，努力地工作，
参加各种有趣的科研项目。
阿蜜塔盼望看到更多拥有不同背景的人成为古生物学家。

★ 阿蜜塔·马娜萨迪

偶像：
凯文·帕迪恩博士

最爱的化石：
风神翼龙，一种巨型翼龙

阿蜜塔说："多读书。在古生物学书籍中，你总能找到适合自己年龄的优秀著作。这些书可以帮你去了解哪些问题还在等着人们去探索，也许你就是给出答案的那一个！"

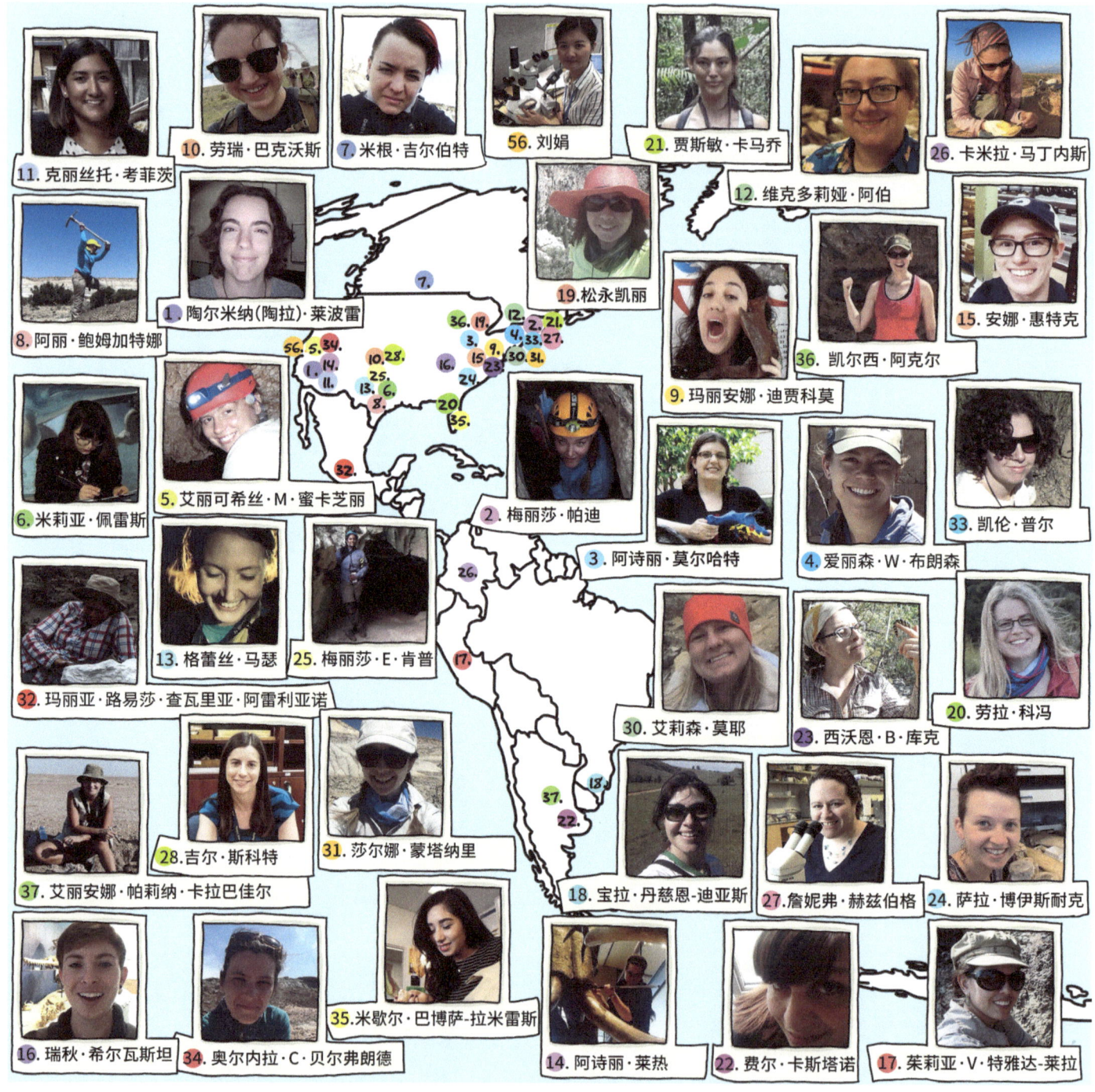

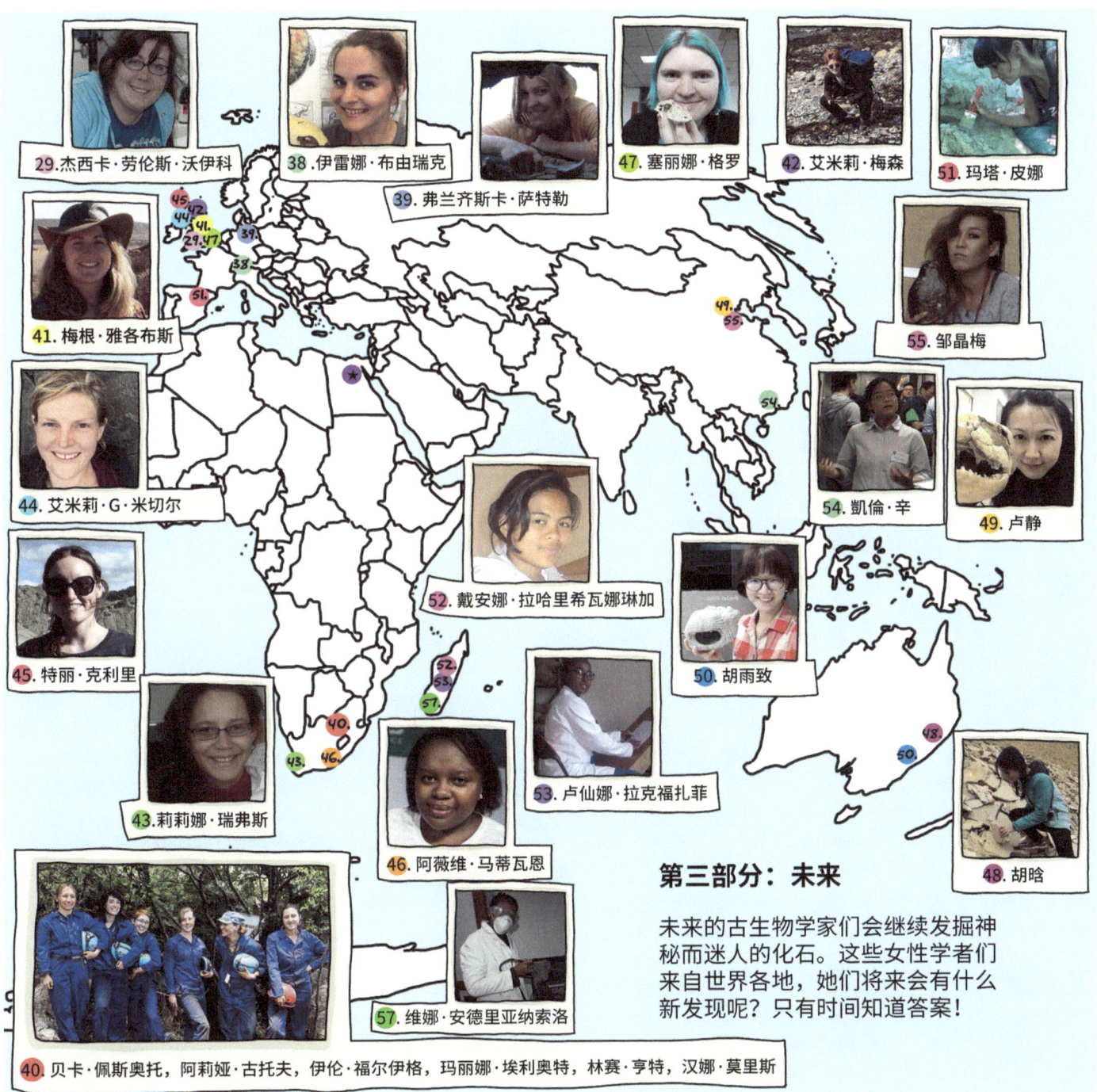

第三部分：未来

未来的古生物学家们会继续发掘神秘而迷人的化石。这些女性学者们来自世界各地，她们将来会有什么新发现呢？只有时间知道答案！

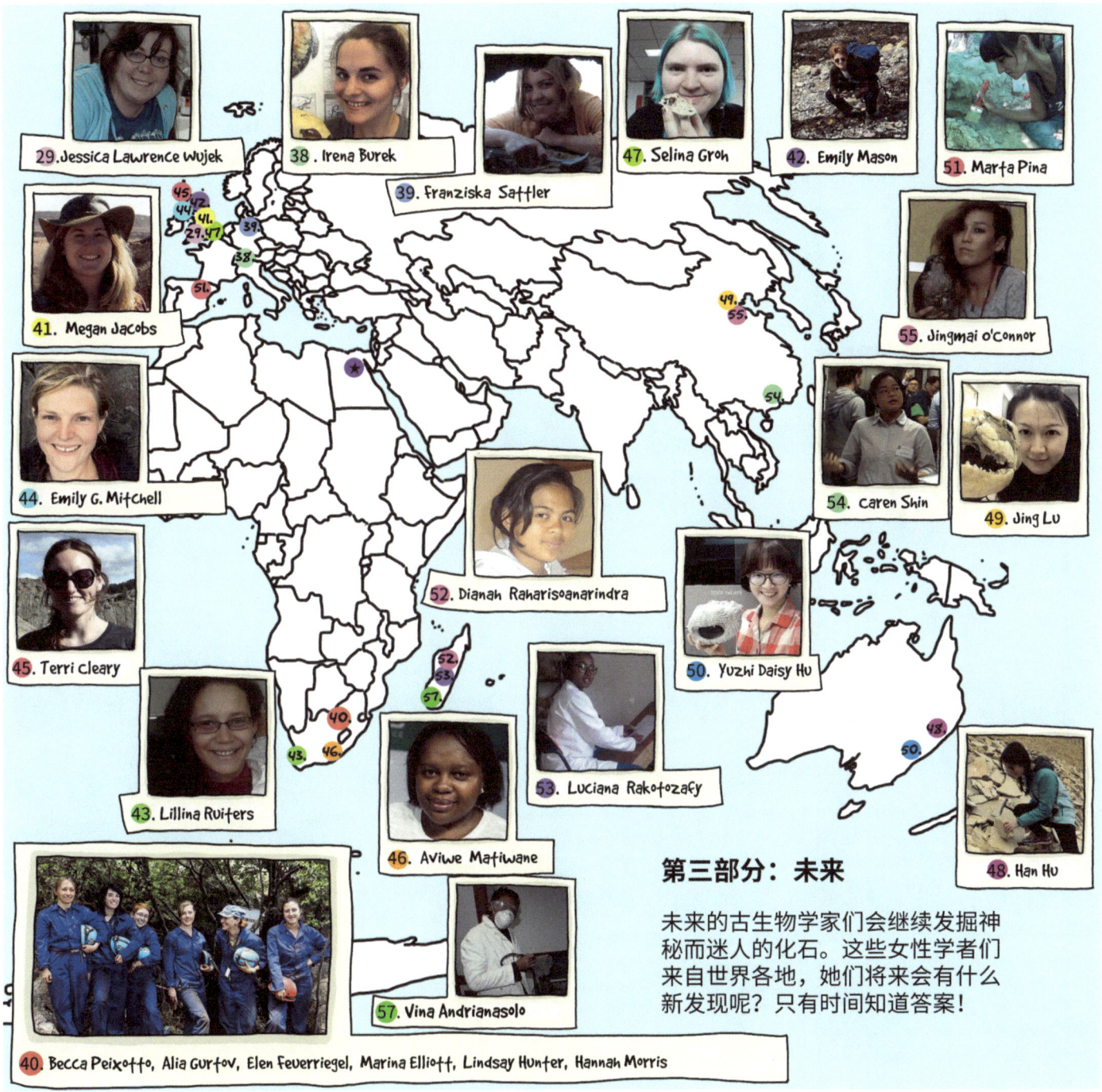

第三部分：未来

未来的古生物学家们会继续发掘神秘而迷人的化石。这些女性学者们来自世界各地，她们将来会有什么新发现呢？只有时间知道答案！

图片来源

第一部分：过去

安妮·亚历山大和露易丝·凯洛格：加州大学脊椎动物学博物馆授权使用。

埃德娜·普拉姆斯特德：南非金山大学环境研究院授权使用。

玛乔丽·考特内-拉缇迈：南非水生生物研究院授权使用。

索菲亚·柯兰-亚沃洛斯卡：波兰科学院古生物学部授权使用。

蒙古戈壁沙漠火焰崖照片：尤金妮亚·戈尔德

第二部分：现在

茱莉亚·克拉克：孟津

凯琳·科里森：孟津

佐兰·加斯帕里尼：卡塔丽娜·麦乐布斯基

苏珊·汉德——麦克·阿彻

艾玛·姆布阿：艾玛·姆布阿

阿努西雅·金萨米-杜蓝：彼得·拉登

凯伊·贝恩斯麦尔：茱莉亚·克拉克

加布埃拉·索布拉尔——达妮埃拉·热纳里

阿诗丽·霍尔：李·霍尔

波乐·敏金：西雅·布杜

卡西·福斯特：茱莉亚·克拉克

露溪·贝蒂-奈什——史戴芬·奈什

第三部分：未来

"纳莱迪人"洞穴科考队的照片（#40）：大卫·安戈尔德

术语表

人类学：一门研究古人类及人类近亲的学科。研究人类学的人被称为"人类学家"。

生物学：一门研究生物（例如植物、动物）的学科。研究生物学的人被称为"生物学家"。

CT扫描仪：一种特殊的X-光仪器。CT扫描仪的发明，是用于医生为病人检查体内病情的。现在，CT扫描仪还被古生物学家用来观察化石内部结构。

灭绝：地球上曾经出现过的生物，已经不再存在。例如，长毛猛犸象是已经灭绝的。

化石：远古动植物的部分遗体，经过漫长时间后变成的石头。

地质学：一门研究岩石及地球上岩石成因的学科。研究地质学的人被称为"地质学家"。

研究生：已经取得"学士学位"的高校学生。研究生可能会攻读"硕士学位"或"博士学位"。

破冰船：在世界寒冷地区，海洋通常被冰层覆盖，破冰船是一种用于破碎冰层、开辟路线的特殊船只。普通船只可能会被冰层撞毁。破冰船的外侧使用厚度很大的金属制成。

硕士学位：部分学生会选择攻读"硕士学位"，而不是"博士学位"；也可能先攻读"硕士学位"，然后继续攻读"博士学位"。想要取得硕士学位的学生，必须学习大学高级课程，还要进行科学研究。取得"硕士学位"大约需要两年。

哺乳动物：一类全身被毛、产生乳汁喂养幼崽的动物。

古植物学家：从事植物化石研究的人。

古生物学家：研究古生物学的人。

古生物学：一门研究曾在地球上生存过的动植物的学科。这些动植物现在已经变成化石。

博士：一种高等学术学位。想要取得博士学位的学生，需要独立进行科学研究并完成论文。教授、研究馆员及其他科学家，通常都拥有"博士学位"。取得"博士学位"大约需要四年或更长时间。

本科生：还没有取得任何学位的高校学生。本科生们努力学习以取得"学士学位"。

尤金妮亚出生于阿根廷的布宜诺斯艾利斯，从小在美国马里兰州长大。
她自幼从记事时起就喜欢恐龙，对古生物学有孜孜不倦的追求，并一有机会就开始了自己在相关领域的职业生涯。
2015年，她在美国自然史博物馆获得了"比较生物学"博士学位；2016年，尤金妮亚为孩子们创建了一个古生物学网站，同时是一个双语博客。
她的研究重点为"恐龙开始具备飞行能力后的大脑变化"。尤金妮亚对科学教育与推广极具热情，并尤其重视容易被忽视的群体。

艾碧盖尔来自美国北卡罗来纳州的达勒姆市。
她先在剑桥大学获动物学学士学位，随后于2016年在哥伦比亚大学完成了自己的博士学位。现在，她在匹兹堡的卡内基自然史博物馆做博士后。
艾碧盖尔研究内容是"恐龙时代末期的哺乳动物演化"，正是这项研究把她从苏格兰带到怀俄明州，又从曼哈顿带到南极洲。

玛利亚·尤金妮亚·蕾欧娜·戈尔德

艾碧盖尔·罗斯玛丽·韦斯特

关于作者

爱米·加德纳

爱米住在马萨诸塞州的霍利奥克市。
她在克利夫兰艺术学院的"时基数码艺术"专业取得了美术学士学位。她擅长卡通人物肖像和绘图故事。
她最喜欢的事情之一，就是帮助他人把富有创造力的想法以图画展现出来。
在这种激情的趋势下，爱米成为了一名自由创意艺术工作者，在过去的十年里孜孜不倦地挥舞自己的画笔，比如这本书就是其中一件作品！

www.ingramcontent.com/pod-product-compliance
Lightning Source LLC
Chambersburg PA
CBHW042139290426
44110CB00002B/64